사진 찍은 이_ 최은경

윤종영

당신이 일으킨 물결의 가장자리에서

애지시선 125

당신이 일으킨 물결의 가장자리에서

2024년 10월 15일 초판 1쇄 발행

지은이 윤종영
펴낸이 윤영진
기획편집 함순례
홍보 한천규
펴낸곳 도서출판 애지
등록 제 2005-000005호
주소 34570 대전광역시 동구 대전천북로 12
전화 042 637 9942
팩스 042 635 9941
전자우편 ejiweb@daum.net
ⓒ윤종영 2024
ISBN 979-11-91719-30-7 03810
* 저자와의 협의에 의해 인지를 생략합니다.
* 이 책 내용의 전부 또는 일부를 재사용하려면 저자와 애지 양측의
  동의를 받아야 합니다.
* 이 책은 대전광역시, 대전문화재단에서 사업비 일부를 지원 받았습니다.

예지시선 125

당신이 일으킨 물결의 가장자리에서

윤종영 시집

시인의 말

세상은 끊임없이 나에게 말을 건다
그 말을 받아 응답하고
내가 반응한 세상을 사람들과 나누고 싶은
그 욕망 때문에 또 한 권의 시집을 묶는다
세 번째 시집 이후, 너무 오랜 시간이 흘렀다
세월의 더께가 보이기도 한다
묵은 장처럼 맛이나 있으면 좋겠다

2024년 가을
윤종영

차례

시인의 말 05

제1부

시인 13
숲 14
거미의 독백 15
사람이 사람을 16
매화 한 송이 피었다고 18
흔들리다 19
잘가라 치타 20
석양 21
첫 고백 22
아뿔싸 24
허둥거리다 26
나와 당신들에 대한 고찰 27
뫼비우스의 띠 28

제2부

결국, 31
권태 32
안부를 묻다 33
진희 34
눈부처 36
이팝나무 37
그 여자, 전혀 그립지 않은 38
가을인데도 40
불혹 41
자전거 탄다 42
변명 44
홍어 46

제3부

상처에게 49
광장 50
닥쳐! 52
팔월과 구월 사이 54
질투 56
어머니 말씀 57
균열 58
추석 60
외로워서 가을이다 61
어떤 키스 62
황홀경 64
무좀 66
무언가 67

제4부

우리나라 71
뉴스를 전해드리겠습니다 72
푸른 기와를 얹은 특급호텔 2011호실 74
민주주의 75
엄마 76
놓다 78
큰시 동인 합평 모임에서 80
오병이어의 기적 82
경계에서 84
말들의 감옥5 85
월요일 86
조급하다, 당신에게 88

해설 '균열' 혹은 '허둥거림'의 미학 | 김현정 91

⟨일러두기⟩

*본문에서)는 '단락 공백 표시'로 한 연이 새로 시작된다는 표시이다.

제1부

시인

물방울 떨어진 곳이
강의 중심이다
작은 점이 일으킨 파장이 우주를 만든다

당신 눈물 떨어진 자리가
나의 중심이다
당신이 일으킨 물결의 가장자리에서
가슴 치는 파문을 맞는다

나는 언제 당신의 중심이 될 수 있을까

숲

숲은 숲이라고 써야
숲 같다

숲에서
팔랑거리며 내려앉는 나뭇잎들
서로의 몸을 이불처럼 덮고
새들의 깃털에 묻어온 햇살이 나무들의 잠을 깨운다
억년을 버틴 벌레들
온 생애 뒹굴어 나무들의 식탁을 차린다

ㅅ은 ㅜ를 만나 숲의 허파를 열어 하늘을 마시고
수는 ㅍ을 만나 비로소 뿌리를 받아들인다

당신과 내가 자음과 모음이었으면 좋겠다
숲이 되었으면 좋겠다

거미의 독백

사랑이 아니었는지도 몰라
한낱 거미줄이었는지도

너무 수줍어 노을처럼 서 있기만 했던 고추 아니었는지
신라 재상의 아내처럼 굳어버린 잠자리가 아니었는지
몰라 그리움뿐이었는지도

여름 한낮 쨍쨍쨍 울어대던 매미 아니었는지
한 칸 방에서 내쫓긴 가난한 부부 울음이었는지
서러움뿐이었는지도 몰라

사랑이 아니었는지도 몰라
삼백예순 날 온몸으로 기워낸 거대한 그물이었는지도
몰라 껍질만 남은 잠자리뿐이었는지도
소리가 빠져나간 매미뿐이었는지도

사람이 사람을

사람이 사람을 만나고
.
.
.
라고 쓰고 그럼,
무슨 일이 일어날까
일어날 수 있을까
일어나면 좋을까
한참을 생각하는데
사람이 사랑으로도 보이고
사랑이 생명으로도 보인다
그렇지, 그렇지
사람이 사람을 만나면
사랑이 싹트고
사랑이 열매 맺으면
생명이 되는 세상
그런 일만 일어나면

얼마나 좋을까
생각하는데

나는 당신과 일단, 만나고 싶다

매화 한 송이 피었다고

당신, 삼월도 반이 지나갑니다 하지만
봄, 이라고 말하지는 못하겠군요
그와 그녀와 저들의 믿음으로
신화처럼 수백 년 꽝꽝 언 얼음장
매화 한 송이 간신히 피었다고
그렇게 쉽게 오지 않겠지요, 봄은
매화 향기 아득해서 목련 피고
목련 꽃잎 떨어진 자리
할미꽃도 개나리도 돋아나고
진달래 벚꽃 붉고 흰 마음들 분분해도
봄, 이라고 안심할 수 없지요
매화 한 송이 간신히 피었다고
신화를 쌓아 올린 저 믿음
녹아내리지 않겠지요

내일이나 모레 아니면 내년이나 후년 어디쯤
봄 햇살 미리 맞으며 기다리는, 당신

흔들리다

나비 날아오르고
흰 날개가 파르르르 일으키는 바람
흔들리는 분홍 꽃들

봄비 막 지나가고
초록 나뭇잎 또로로로 구르는 빗방울
위태롭게 흔들리는 뿌리

잠깐 그대 다녀가고
심장 저쪽 어질어질 피어나는 아지랑이
일제히 두근거리고 일제히 붉어지고

잘 가라 치타

잘 가라 치타
벌목장 인부가 된 타잔에겐
더 이상 길동무 필요치 않으니
잘 가라
제인은 함바집 아낙
낙엽처럼 쌓이는 지폐는 코브라의 유혹일지니
독개미 떼처럼 새까맣게 몰려드는 전기톱 앞에서
아, 아, 악, 코끼리도 코뿔소도 악어도
새끼 사자도 모두 사라졌으니
잘 가라 치타
다국적 기업의 유기농 바나나 껍질을 벗기며
안전하게 너를 가둬 놓은 철망 안에서
안전이 보장된 감옥 안에서

석양

은행나뭇잎 노란 언덕길
노란 자전거 올라간다
이파리는 최선을 다해 물들었다
온몸의 힘을 다해 길 만들었다

길 벗어날까
조심스럽게 내려가던 걸음
멈춰 서서 뒤돌아보니

최선을 다해 페달을 구르는
넘어지지 않기 위해 흔들리는
노랗게 익은 석양이 있다

첫 고백

아버지가 스마트폰을 사셨다
수업 끝나고 책상을 보니
카톡이 와있다
사랑한다
손자가 알려드린 카톡 사용법 시험 중이신가 보다
답장을 할까 했는데, 뭐라 써야 할지
처음 듣는 고백이 당황스럽다
저도요, 저도 사랑해요
썼다 지웠다 반복하다
전화를 드렸다
카톡 잘 왔어요
그래? 그런데 내가 카톡 보낸 거 어떻게 알았어?
이런, 저한테 보내셨잖아요
내가 보냈니? 그런데 뭐라고 보냈니?
사랑한다고요, 라고 말하려다 보니
열여덟 소년처럼 부끄러워진다
카톡 열면 보내신 내용 나와요

늙으신 아버지가 스마트폰을 사셨다

진작에 사 드렸어야 했다

아뿔싸

교내 시낭송 대회를 한다는 소식
몇이나 참가할까 심드렁하고 있는데
1학년 여학생 수줍게 다가오더니
선생님 시로 나가 보려고요
연습장에 정성을 다해 옮겨 적은
세 번째 시집 구석에 숨어있던 시 보여준다
젊은 시절 겨드랑이 간질이는 봄밤에 취해
바람에게 길을 묻는다는 둥 어쩌고 했던 시
어느 구절이 마음에 닿았냐고 묻자
길은 여러 갈래로 뻗어 있었다
내가 가야 할 길을 알지 못했을 따름이었다
이 부분이 꼭 자기 얘기 같다고,
고등학교 새내기다운 해석이
교실로 잘못 들어온 참새 가여운 심장처럼
나를 두근거리게 한다
길 잃은 시절이었든 잃은 길
계속 걷고 있는 것 같은 지금이든

나는 시 쓰는 사람이었던 것
시 쓰는 사람이어야 한다는 것
아뿔싸,

허둥거리다

나뭇가지에 매달린 나뭇잎 윗면을 보지 못하고
빗방울 또르르 구르는 시간을 보지 못하고
잠깐 뜬 햇살이 쨍하고 일으킨 파장
당신 떨리는 숨결 울리는 메아리 보지 못하고

나는 참 작은 사람이어서

나와 당신들에 대한 고찰

온통 붉은 양귀비 꽃밭
가만히 들여다보니
붉은 양귀비꽃 옆에 더 붉은 꽃
옆에 덜 붉은 꽃 뒤에
수줍게 붉은 꽃 앞에
오월 햇살만큼 따뜻하게 붉은 꽃
점박이 꽃 점 뺀 꽃

각자의 방법으로 햇살을 받고
각자의 방법으로 바람에 흔들리는
나는 나 당신들은
당신들의 자기
온통 붉은 양귀비 꽃밭

뫼비우스의 띠

난쟁이는 달나라에 잘 도착했을까?
하현달 아래 별 하나
낙하산 줄에 매달린 사람
착륙이 불허됐다 자유는
괴담이다
노동자는 다시
영양이 구속된 상태, 그 밤
소고기를 구워 먹었던가
계엄군처럼 포클레인이 담장을 민다
백골 같은
나라가 돌아왔다
공장 폐수가 내일을 막았다
난쟁이가 달나라로 떠났다

제2부

결국,

살다 보니
만나서 지금까지 정 나누는 사람도 있고
인연을 맺었다 헤어진 사람도 있고
헤어졌다 다시 만난 사람도 있고
나이 들어 새롭게 만난 사람도 있고
만나서 정들까 말까 멈칫거리는 사람도 있고
만나자마자 이별인 사람도 있고
정들까 봐 만나지 못하는 사람도 있고
서로 같은 쪽을 바라보는 사람도 있고
마주 보며 눈 맞추는 사람도 있고
아직 때가 안 돼서
못 만난 사람도 있고

진달래 꽃잎 위로 봄비는 내리고,

권태

아침에 자른 거야? 까칠해
당신은 입술이 수염에 찔려 더 붉어진다고도
말했습니다 물 주고 햇살 준 것도 아닌데
당신 입술을 찌를 만큼 적당하게
거칠어졌습니다
더 붉어진다고 말할 때, 당신 입술은
하우스에서 막 따낸 딸기처럼 싱싱했습니다
나는 매일 당신을 상처 내고 싶으므로
아침마다 수염을 깎습니다 저녁에 만난 당신은
아침에 자른 거야? 까칠해 그래서 내 입술이
더 붉어져, 라고 말하겠지요
당신 입술은 매일매일 붉어지겠지요
나는 당신이 만들어 놓은 붉은 감옥에 들어가며
내일 아침에도 틀림없이 수염을 깎아야겠다고 생각합니다

안부를 묻다

당신 안녕하신지……

쓰고 보니 말줄임표 위
어름사니처럼 흔들리며 걸어가는 사람
긴 장대도 없이 부채도 없이
신명 나는 장단도, 재롱떠는 어릿광대도 없이

말줄임표 끝은 깜깜한 낭떠러지 같아
쉼표 하나 찍어 줄까 계단처럼
숨 한번 쉬면서 내려오도록
안전하게 지상으로 안녕하게

그리하여 언제까지나 당신
안녕하신지……,

진희

스승의 날도 열흘이나 지나서
졸업한 여학생 하나 교무실에 불쑥 들어왔다

선생님 잘 계셨지요?
손바닥만 한 화분을 내밀며 갓 핀 꽃처럼 쑥스럽게 웃는다
이번에 자격증 시험 합격했다고
집 근처 전문대학에 다니며 열심히 공부했다고
학교 다닐 때 공부 안 한 것 후회하고 있다고
선생님 생각 많이 났지만 자격증 합격해야 찾아오려 했다고
취업하면 꼭 다시 찾아온다고
알바하러 바로 가 봐야 한다고
물 한 잔도 못 마시고 훌쩍 안녕히 계시란다

책상 위 빈 공간을 가득 채우고도 모자란 화분
나는 서둘러 화분의 가장자리에 진희라고 썼다

물을 줄 때마다 이름을 불러 주리라

학창 시절 화초의 이파리 한 잎만큼도 받지 못했을 관심을
몇 배로 키워 돌려준 진희, 진희

눈부처

그대에게 시를 쓰던 시절 있었네
초승달 보며 그대 눈썹 그리다 보면
어느덧 밤은 깊어
샛별 떠오르곤 했다네 새까만 밤
푸르게 반짝이는 것이 그대 눈동자 같아
아, 나는 그대 눈동자에 들어가 살고 싶었네

그런 시절 있었네
밤새 그리움 때문에 잠 못 들고
잠깐 든 잠도 꿈결에 뒤척이던
아침이면 열병 앓는 사람처럼 흥건하게 땀에 젖던
그립고 그리워서 늘 목마르던 시절

그대에게 시 한 편 써 보는 것인데
기억을 더듬어 그대 눈썹과 눈동자
그대 숨결 그려 보는 것인데, 지금은
쨍쨍쨍 가을볕 따가운 한낮

이팝나무

먹고사는 일이 쉬웠던 적 있었던가

4월의 거리를 가득 채운 밥알들
하나, 둘, 셋에 터지던 튀밥들
팝콘들, 봄바람에

거리를 날리는 청춘들

그 여자, 전혀 그립지 않은

그 여자 내게서 멀어져 갔다
소식 없는 여름 내내
내 마음 음습한 동굴처럼 서늘했다
하루에도 몇 번, 그 여자 찾아오던 시간
매미들만 점령군처럼 진주했다

그 여자 오지 않아도 밤 지나면 아침이 왔다
나는 아내가 차려준 밥을 먹고 출근했다
월급을 받았고 휴가를 다녀왔다
광장은 여전히 닫혀 있었고
나는 가끔 닫힌 광장에 대해 분노했지만
일상의 평온을 깨뜨릴 정도는 아니었다
익숙한 시민으로 애완견처럼 길들여졌다

조금 남아있던 그 여자 냄새마저 아득해졌지만
나는 오히려 여름이 서늘해서 좋았다, 너무 좋아서
그 여자 다시는 찾지 않으리라 생각한 적도 있었다

혹시 다시 온다 해도
시침 떼고 바라보지 말자 다짐하기도 했다

나를 사로잡았던 그 여자,
전혀 그립지 않은

가을인데도

너무 많은 시인들이 가을을 노래했다
붉은 단풍에 대해
그것이 개울에 비친 소녀의 붉게 물든 볼이라든지
소녀를 향해 물수제비 뜨는 소년의 떨리는 손이라든지

너무 많은 시인들이 가을을 노래했다
떨어지는 낙엽에 대해
그것이 이별의 쓸쓸함이라든지 혹은 죽음이라든지

오, 더 이상 떨림이 없는 비유

나는 가을인데도 아무것도 노래하지 못하겠다
낙엽은 가을 햇살에 더 빨갛게 익는데
공원 벤치에는 서로의 눈동자에 들어앉은 연인
꺄르르르륵 목젖을 튕기며 웃고 있는데
떠난 자는 겨울을 향해 뚜벅뚜벅 걸어가는데

불혹

흔들리자
흔들리면서 살자
아무렇게나 자란 갈대처럼 흔들리다가
흔들리다가 미련 없이 날리자
가볍게 바람이 이끄는 곳으로

수로부인이여,
또는 아사녀어 아니면 너여
나를 혹해다오
내 마음은 비무장지대
지뢰와 갈대가 몸을 섞는 곳
터뜨려다오
갈대만 남기고
숨 막히는 지뢰는 터뜨려다오

불꽃처럼 터지는 가벼운 삶
행복한 불혹, 혹

자전거 탄다

퇴근 후 자전거 탄다
천변을 달리며
열심히 페달을 밟으며
바퀴를 굴리는 것인데

넘어지지 않기 위해
헐떡거리며 굴리다 보면
더 이상 굴릴 수 없는 무게
나는 다리 아래 쭈그려 앉아
흐르는 강물 바라보는 것이다

그러면 노을 진 강둑 너머
아버지가 타고 있는 거대한 자전거
덜 흔들리기 위해
숨차게 페달을 밟아야 했던
늘 구르고 있었으므로
넘어지지 않았던

〉
그러나 이제는 멈칫,
멈칫 위태로운
은빛으로 반짝이는
주름진 시간이 흐르는 것이다

변명

나는 돌처럼 굳어버렸다
세상은 변함없이 흘렀다
변함없이 흐르는 세상에서
나는 별로 할 일이 없었다
선거를 해도 당선되는 사람은 늘 당선되었고
텔레비전 뉴스는 정부 대변인
발표를 앵무새처럼 되풀이했다
여전히 시인들은 자기들끼리만 아는, 혹은
아는 체하는 암호를 지어냈고
소설가들은 불법 심부름센터 직원처럼
남의 집 창문이나 모텔을 기웃거렸다
시도 소설도 넘쳐났지만
세상은 변함없이 흘렀다
변함없이 흐르는 세상 잠깐이라도
멈칫거리게 하는,
천둥 같은 문장을 쓰고 싶었다
또 한 번의 여름 지나 겨울을 거쳤지만

나는 도무지 쓸 수 없었다
돌처럼 굳어버렸다

홍어

내 상처가 당신을 유혹하나요
상처가 깊을수록 향기도 깊어지나요
욕망은 포식성 악어 같은 것
내 몸뚱이를 씹어주세요
묵은지를 밴드 붙이듯 상처에 두르고
더 쓰리고 아프게 소금도 발라
코를 벌름거리며
붉은 혀를 내밀어 나를
받아주세요 당신의
혀는 마비되고 식도는 하얗게 타고
위벽이 쓰리고 아파도,
욕망은 욕망을 먹고 크는 것
당신의 마지막을 위하여
내 상처, 기꺼이 당신에게 바칠 수 있으니
더 깊어질 수 있으니

제3부

상처에게

바람 분다
비 온다
상처야, 잘 지내지?
비 젖은 나뭇잎 누에처럼 돌돌 말려
하수구에 쓸려 가는데

너도 나뭇잎처럼 돌돌 말려 벌레집 되고
캄캄한 동굴에서 삼칠일을 참아내
애벌레 되고 붉은 점 박힌 날개가 돋고
바닥을 박차며 날아오르고,

춥다
바람 불고 비 오는데
딱딱하게 말려있는 상처들
잘, 지내는 거지?

광장

여름 내내
나는 다시는 올 것 같지 않은
가을을 걱정했다

여름이 쳐 놓은 바리케이드는 견고했다
더위가 광장을 먹어 버렸다
광장이 사라진 자리에는
더위가 남긴 배설물이 성처럼 쌓였다
시민들은 뿔뿔이, 각자, 파편이 되어
개새끼
처럼 혀를 쑥 뺀 채 헐떡이고 있었다
여름의 입장에서 보면
광장을 먼저 먹어버린 것은
참 현명한 일이었다
사라진 광장에는
개새끼
같은 개인들만 늘어져 있을 뿐이니까

〉
그러면 아마도 가을은 다시는
올 수 없을지도 모르니까

닥쳐!

어느 날
혁명은 데모가 되고
김수영은 지하에서 꺼이꺼이 통곡하고
피 묻은 자유는 쓰레기통에 처박히고
이승만은 불멸의 아버지가 되고
아, 아버지! 아버지가 생을 마치신
하와이는 우리의 모국이 되고
백범은 테러범이 되고
임시정부는 테러국이 되고
어느 날
기차는 폭폭 칙칙 이십 년 전으로 후진하고
신동엽은 아사달 아사녀와 금강에 투신하고
중립의 초례청은 폐허가 되고
아, 아버지! 부활의 역사는 이 땅에서 실현될지니
독재자가 무덤에서 부활하고
어느 날
시인은 시를 닥쳐야 하고

아버지 앞에서
닥치고 열중쉬어해야 하고
사열 횡대로 우와 열을 맞춰야 하고
정신을 팔아 달러를 만드시는
위대하신 각하 아버지 앞에서
저 새파란 완장의 패거리 앞에서
일본 순사에게 고문받던 머슴들처럼
바들바들 떨어야 하고
죄도 없이, 닥쳐야 하고

팔월과 구월 사이

팔월과 구월 사이
비 내린다
당신은 구월에 있고
빗줄기 거슬러
팔월에서 주춤거리는 내가 있다

저만치
보이는 당신
가늘고 긴 목 코스모스처럼
붉고 얇은 입술
잠깐 흐트러진 머리카락

언제나 당신은
만질 수 없는 시간
내리는 빗줄기 앞세워
나보다 먼저 가을로 가 있다
질투의 냄새로 내 몸 축축하게 젖는다

〉
나와 당신, 사이

질투

질투에는 향기가 묻어있다
단옷날 그네 타던 춘향이 치맛자락
솟구치는 붉은 욕망
밀어 올리는 향단이 마음
한 발자국도 뗄 수 없어라 지상은
베적삼 무명저고리처럼 어둡고 무거운 곳
당신은 알고 있었을까
고통스러울수록 질투의 향기는 강한 것
그넷줄 팅길 때마다
가슴 울렁거리고 숨 가빠지고
뜨거워지는 몸 아지랑이처럼 가벼워지고,
저 공중에 날 수 있을 것 같아
향기에 감염된 웃음들 밀어 올리는 시간
광한루에서,
광화문과 시청 광장, 당신들의 거리에서

어머니 말씀

바다는,
바다를 한참 쳐다보고 있으면
괜히 울적해지는 거라
산은 사철 변하기라도 하지
봄이면 진달래 개나리 분분하고
여름이면 녹음이 빽빽 울창하고
새색시 부끄럼처럼 붉게 물드는 가을 하며
겨울은 말할 것도 없이 설원인데
시작도 끝도 없는 것 같아서
갈 길 가야 하는데
시간이 멈춰 버린 것 같아서
저 바다는 말이야,

아들, 다 봤으니 이제 가세

균열

아내가 카메라를 챙긴다
삼일째 같은 시간 같은 곳에 간다
금강 하구둑 철새 도래지
석양이 강물에 진달래처럼 번질 때
태양을 배경으로 춤추는 새들을 담고 싶은 것
어제도 엊그제도
날씨는 맑아 배경은 더할 나위 없는데
새들이 엉뚱한 곳으로 날아가
원하는 사진을 건지지 못했다고 한다

오늘은 찍고 오려나
봄빛, 새 떼의 꼬리를 물고 오는 저 봄빛
수만 번 날갯짓, 수백만 번 자맥질이면
창백하게 떨던 강물에도
꽃물 들지 않겠는가
오늘 가고 내일도 가고
부지런히 가고 또 가면

새들이 응답하지 않겠는가

작은 새 한 마리 몸짓에서 시작되는 균열

추석

벌초 하루 앞두고 아버지 편찮으시다고
어머니한테서 걱정 가득한 기별이다
어젯밤부터 식사를 통 못 하신다고
두 달 전 넘어지며 다친 어깨도 묵근하니 개운치 않고
가끔 두통도 심해 잠을 설치신다고

팔십 넘으니 편찮으신 날 잦다
퇴근길 아내와 들러
벌초는 그만 두시라는데 기어이 가신단다
며느리는 그 몸으로 어떻게 가시려고 그러느냐
몸 조리 하시라 만류하는데,

그러시자고
아버지 고집은 조상님도 못 말릴 거라고
표 나게 웃으며 말했다
화장실로 가서 소리 나게 킁킁 코를 풀어댔다

외로워서 가을이다

가문 계곡물
그렁그렁 앓는 소리만 나는 절집
혼자 사는 스님 차나 한잔 하라고 한다
고고한 선문답 주고받기에는
초가을 산 공기가 너무 맑았다
학창 시절 거울로 치마 속 훔쳐보던 여선생
출가 전 인연 맺었던 보살들
연분홍 속살 얘기에
찻물은 넘치고 밤이 깊었다
저녁 종 서른세 번 치듯
서른세 잔 마시자 할까
살짝 두려워지기도 하는데
터지는 오줌보 때문에 자리를 털었다
밤 깊도록 앓고 있는 계곡물
별빛 하나 내려와 안기고 있었다

어떤 키스

타르와 니코틴이 건조한 입술 사이로 들어갔다
헛바닥에 날카로운 철조망 솟는다
내 혀는 타르와 니코틴을 먹고
무럭무럭 자란다

철조망은 견고하다
내 혀가 쏘아낸 저 무수한 철 조각들
얼마나 많은 상처들을 길러냈나
거칠게 찢긴 말들이여
울타리 넘어 날뛰는 말들이여

나는 가을바람에 날리는 나뭇잎처럼
아무렇게나 땅바닥에 엎어지고 싶다
네 펜치 같은 치아가 필요하다
내 혀를 잘라다오
선홍색 피를 흘리며 네 뜨거운 혀에 기대고 싶다
)

타르와 니코틴을 먹고
더 자라기 전에 내 혀를 받아다오
내 혀에 가득 솟아있는 철조망에 네 혀를 찔려다오
피 흘려다오

황홀경

학교 일이 너무 바빠
화장실 다녀올 시간도 빠듯한데,
공문은 처리해야 하고 수업도 들어가야 하고
수업 준비물도 챙겨야 하는데
거리에서 준비 없이 마주친 첫사랑처럼
당신이 찾아왔다
안 돼, 바쁜데,
나는 외줄 타는 광대처럼 위태롭다

당신에게는 붉은 향기가 났다
멈출 수 없었다
당신의 안녕을 물었다
거부할 수 없었다
나와 당신, 사이의 시간

밀린 공문이, 아직 못 본 교재가
검토하지 못한 문제가

미쳤어? 제정신이야? 어쩌려고 그래?
아우성이다 하지만 어쩌랴
지금도 나는
당신 향기에 숨 막혀 있는 걸

무좀

무려 십 년 전 끝난 줄 알았던 무좀
새끼발가락 약간의 틈을 비집고 들어와
광장을 둘러싼 바리케이드처럼 발바닥 전부를 점령했다
십 년간의 평화가 끝나는 데는 불과
한 달이 걸리지 않았다
발가락을 움직일 때마다
날카롭게 갈라진 틈에서 진균이 번식했다
푸른 물 흘렀던 발금마다
석회처럼 일어난 피부가 둑을 쌓았다
좌로 한번 우로 한번
해바라기처럼 바라는 대로 꼼지락거릴 자유는
박탈되었다
번식한 진균은 우향우의 자유만 허락했다
발바닥이 오른쪽으로 활처럼 휘어졌다
발톱이 오른쪽으로만 꽂혔다

안심의 대가 때문에 구두가 맞지 않았다

무언가

다음네이버구글유튜브스마트폰노트북
내 모든 시간은 패스트푸드를 먹고 있다
맛있는 중독, 지방이 포화된 비만
나날이 야위어가는 생각

매일 무언가라도 써 보자고
쓰고 쓰면서 지방을 덜어내자고
쓰는 순간이라도 스마트폰 끄고
노트북을 덮자고
문자의 키오스크 같은 자판 말고
손가락과 손목과 팔뚝과 온몸의 근육으로 써 보자고

원고지를 묶었다 질끈
표지에 '무언가' 라고 썼다
아름다운 노래
튼튼한 생각의 집
그리하여 무언가 살아갈 수 있기를

제4부

우리나라

그대 생각만으로 멀미가 난다
속은 울렁거리고 손발은 차가워지고
얼굴은 창백해진다

그대 입술은 늘 건조했다
고백의 말을 들을 때에도 마른풀 냄새가 났다
입맞춤도 조심스러웠던 사랑
금방이라도 바스러질 것 같은 위태로움

지난 오월에 핀 장미처럼 붉다
십일월의 울타리 틈 간신히 보이는 그대 입술
멀미가 난다 지금도 나는

뉴스를 전해드리겠습니다

 온종일 눈들이 도로를 불법 점거하고 있습니다.
 주최 측 추산 오십만 입자, 경찰 추산 오천 입자의 눈 알갱이들 때문에 일대 교통은 마비되었으며, 시민들은 썰매로 출근하거나 아예 스키를 신고 집을 나오기도 했습니다. 일부 청년과 어린이들은 눈을 뭉쳐 눈사람을 만들면서 배꼽을 붙이지 않는다거나 옷을 입히지 않는 등의 방법으로 불만을 표출했습니다. 눈들은 긴급 기자회견에서 자신들은 오로지 자연의 섭리에 따라 불순한 의도 없이 한반도에 내려온 것뿐이라며 이번 사태에 대한 확대해석을 경계했습니다. 하지만 정부는 눈들의 행위를 국가 안보를 해치는 중대한 범법행위로 간주하고 법대로 단호하게 대응하겠다고 밝혔습니다. 또한 하얀 눈들에 붉은 색소를 탄 배후세력이 존재한다고 각 대학의 문구점 세력을 중심으로 수사에 들어갔습니다. 배후세력을 색출하지 못한다면 내년 겨울에는 빨간 눈이 대한민국을 덮을 것이라고 기상청은 예보하고 있습니다.
 이상, 말 안 해도 시청자가 아는 그 방송, 땡하면 쨍하고 빨아주는 우리만의 방송, 기자인지 아닌지가 전해드렸습니다.

푸른 기와를 얹은 특급호텔 2011호실

팔 차선 도로에 황사 가득하다
낙타를 등에 진 동방박사
빨간 신호등 건넌다 당신은
무단 횡단 횡횡하는 팔 차선 도로 저편
푸른 기와를 얹은 특급호텔 2011호실에 있다
자동 잠금의 안전하고 안락한 방 붉은 소파에 앉아
당신은 행복하다
은제 수도꼭지에서
폭포처럼 쏟아지는 젖과 꿀
푸른 기와를 얹은 특급호텔 2011호실에는
당신의 사랑 덕분에 강 같은 평화 흐른다
당신의 은총 덕분에 바다 같은 기쁨 넘친다
당신과 당신 여자와 당신의 아이를 위해
동방박사 낙타의 피를 뽑아 경배한다
밖은 황사 가득하므로 아무것도 보이지 않는다
볼 수 없으므로 당신은 당신 방에서
행복하다

민주주의

설마
혹시
그런데
그러나
하지만
그렇지만
그럼에도 불구하고

마침내

엄마

식탁 의자에 앉아
신경숙이 쓴 '엄마를 부탁해'를 몇 장 읽다가
그러다가 문득 아주 오래전 GOD가 부른
어머님께라는 노래 떠오르는 것인데
어머님은 짜장면이 싫다고 하셨어라는 부분에서
눈물도 맺히는 것인데
아직도 대중가요를 듣다가
철철 눈물이 나기도 하는데
밥상만 차려 놓으면 갑자기 할 일이 떠올라
니들 먼저 먹고 있어라 고기 남기지 말고, 나는
점심 많이 먹어 배가 안 꺼졌느니라
자리를 피하시는
우리 엄마가 생각나는 것인데
아직도 엄마는
때만 되면 할 일이 생각나는 것인데,
아내와 딸들과 함께 먹은
저녁밥 냄새 그득한

식탁 의자에 앉아 소설 한 권 읽다가
늘 배부르다는 엄마 생각하는 것인데

너무 많이 먹은 엄마, 엄마

놓다

아버지께서 면허증
그만 반납하신다고,
운동신경이 무뎌지니 접촉사고도 나고
이제 더는 안 되겠다고

그런데 주일마다 어머니 교회는 어찌 가고
유성 장날 시장은 어떻게 가고
공주 사는 처남 보러는,
일주일에 한 번은 가야 하는 한의원은,
또, 또, 다른 곳은,
막상 차를 놓으려니
놓아지지 않는 걱정들

아버지 연세에 운전은 무리라고
택시 타고 다니시라고
잘 생각하셨다고
인사드리고 나오는 길

〉
대문 앞 아버지가 타던 늙은 말
무거운 눈꺼풀 내려앉네

큰시 동인 합평 모임에서

시를 그만 써야겠다고 생각했더니
시가 나왔다고,
당진에서 대전까지 달려온
고완수 형이 말했다

비워야 채워진다는 말
신선하지도 않고 더 이상
그럴듯하지도 않지만
형의 시를 읽으면서는 일견
고개가 끄덕여지는 것이다

달마다 셋째 주 토요일 오후
당진에서 대전까지 버렸을 시간들
시간을 비운 도로에
빈 창고 채우듯 차곡차곡 쌓아 올렸을 언어들
비워도 비워지지 않는 알갱이들 아닐까
〉

나는 이십 년째 그 일 하고 있는
형의 곡식 창고에 모인 알갱이들이
튀밥처럼 부풀어서
동인들에게도 노랗고 하얀 시가 쏟아지기를
나에게도 달달하고 고소한 시가 찾아오기를

짐짓, 툴툴거리며 합평을 하는 것이다

오병이어의 기적

내게 강 같은 언어
내게 바다 같은 생각
산타 할아버지 빨간 보따리처럼
넘쳤으면 좋겠네
성탄 전야 교회에서 밤새우고
새벽송 나서던 마음
가난한 시골길
배고픈 닭들보다 먼저
아침을 열었던 노래
그런 노래
내게 왔으면 좋겠네
뒤주를 긁어 퍼주던 한 바가지 쌀
한 소쿠리 고구마
돌아오는 내내
어깨를 들썩이게 하던
자루 가득한 인심들
그런 노래 샘솟았으면 좋겠네

내 다섯 편의 사랑 노래와 두 편의 이별 노래가
사람들 배불리 먹였으면 좋겠네
강 같은, 바다 같은

경계에서

빗줄기가 길 잃은 고양이처럼
담장을 기웃거린다
겨울과 봄의 경계
압수수색 당할까 두려워
마당 구석 감춰 놓은 봄볕
봄비가 담장을 넘는다
마당에서 피어오른 흙냄새가 저쪽
담장을 넘는다
이 비 그치면
담장 위는 개나리 꽃밭
배를 드러내고 누운 고양이 같은 봄볕이
늘어지게 기지개 켤 것이다
남서풍이다

말들의 감옥 5

말이, 날뛰는 내 말이
당신의 말과 부딪혀
또 다른 말을 날뛰게 한다

담장의 이쪽과 저쪽에서
나와 당신 사이에서
씨줄과 날줄 사이에서
어긋난 시간을 엮는다

촘촘하게 엮인 그물
물고기처럼 기진맥진하는
붉은 상처들
날뛰는 말들, 스스로 가두는

월요일

출근해서 두통약을 먹었다
내 통증에는 약이 있다

읽기 시작한 소설*은 재미있었다
치매에 걸린 늙은 살인자의 시간
정교하게 어긋나는
되돌이표의 세계

살인했으나 기억이 없고
기억이 없으므로 죄책감도 없는,
짐이 곧 국가다
내가 사랑하는 것은 장미와 국화뿐
저 붉은 혀와 풍만한 가슴
깨고 싶지 않은 꿈

그의 병에는 약이 없다
왕의 시간은

향기에 취해 춤추는 노을 같은 것
어둠이 노을을 삼킬 것이다

단숨에 읽었으나
숨이 끊기지는 않았다 다행히
금세 자란 손톱을 깎았다
월요일이다

* 김영하, 『살인자의 기억법』.

조급하다, 당신에게

나는 천천히 걸어가고 싶다

산수유꽃 창백한 입술
조금 열었을 뿐인데
향기에 눈멀어
참지 못하고 몇 개월 먼저 왔다

삼월이다
봄 햇살과 너무
일찍 와버린 눈 사이에서
흔들리는 꽃

당신은 아름답게 피어
뱀 같은 혀로 나를 유혹하고
나는 빛깔에 취해 당신에게 간다

삼월에 내리는 눈처럼, 너무 먼저

그러면 당신의 혀는 칼이 되어
나를 벤다

아주 천천히 걸어 당신에게 가고 싶다

해설

'균열' 혹은 '허둥거림'의 미학

김현정(문학평론가·세명대 교양대학 교수)

1. 푸른 별의 시인, 윤종영

윤종영은 1991년 《문학과 비평》으로 등단한 뒤 3권의 시집을 상재한 중견시인이다. 그는 등단한 지 6년만에 첫 시집 『별들의 마을』(1997)을 발간한 이후 『푸른 별의 세상』(2003), 『구두』(2009)를 펴냈다. 평균 4~5년에 한 권의 시집을 내는 요즘의 시단 풍토로 볼 때 과작의 시인이라 할 수 있다. 그런데 시인은 세 번째 시집 『구두』를 발간한 이후 15년 동안 시집을 내지 못하고 있다. 절필한 것이 아님에도 그의 새 시집 발간이 늦어지는 것은 불혹의 나이를 넘기며 시 한편 한편에 공을 더 많이 들인 결과라 할 수 있다. 그리하여 이번 시집 『당신이 일으킨 물결의 가장자리에서』는 소재나 주제적인 면에서 이전의 시집보다 더 다양하고 깊은 시세계를 엿볼 수 있다.

1991년에 발표한 등단작 「詩를 꿈꾸는 나무」에서 시인은 "詩를 꿈꾸는 나무가 있었어/ (……)/ 비바람 몰아치던 어느 밤/ 드디어 나무는 시가 되었어/ 곤한 몸 나그네/ 비 피해 안아주면서"라고 노래한 바 있다. "비바람 몰아치던 어느 밤"에 "곤한 몸 나그네"를 비를 피해 안아주는 시를 쓰는, 시인을 꿈꾼 것이다. 약관의 나이를 넘긴 지 얼마 안 되는 시인에게 시는 힘겹고 외롭고 쓸쓸한 이들에게 안식처를 제공해야 하는 것으로 다가온 것이다. 이러한 그의 시세계는 3권의 시집에 다양한 모습으로 투영되어 있다. 첫 시집에서는 '삶의 진실, 혹은 진실을 향해 가는 삶'을 아름다운 '별들의 마을'을 통해 형상화하였고, 제2시집에서는 자본주의 사회의 병폐와 떠나는 것에 대한 쓸쓸한 분위기를 표출하고 있으며, 제3시집에서는 '가난'과 '극한'에 놓인 사람들의 삶을 공감할 수 있는 시가 주조를 이루고 있다. "누더기처럼 헤진 몸에도/ 차별없이 찾아오는 봄/ 상처투성이 몸으로 피어난,/ 어깨동무 아름다운 벗들/ 그 푸른 희망"(「사랑」, 『별들의 마을』)을 노래하던 모습에서 "저 푸른 생명의 끝/ 거침없이 밀려오는 파도, 소름 돋는 상처들/ 무덤처럼 고요한 폐선의 발치에서/ 나는 떠나는 것"(「폐선」, 『푸른 별의 세상』)을 통해 "떠나는 것"의 아름다움을 노래하는 방향으로, 그리고 "껍질을 깨는 일의 어려움이여. 시인의 자세를 알아갈수록 시인의 자세를 생각할수록 여전히 나를 짓누르는 것은 껍질"(「껍질」, 『구두』)이라는 것을, 이 껍질을 깨뜨려야 약자들의 삶을 공감할 수 있음을 보여주고 있는 것이다.

이번 시집 『당신이 일으킨 물결의 가장자리에서』도 이전의 시집에서도 '지금 여기'를 살아가는 결핍과 상처가 많은, 외롭고 쓸쓸한 이들의 삶이 다양하게 표출된다. 이전의 시집과 차이를 보이는 것은 이러한 약자들의 삶을 '드리냄' 위주의 방식이 아닌 '균열'과 '허둥거림', '흔들거림'을 통해 중층적인 의미를 담아낸 승화된 방식으로 형상화하고 있다는 점이다. 다람쥐 쳇바퀴 도는 현대인의 지루한 일상에 균열을 내고 허둥거리고 흔들리는 과정을 통해 '지금 여기'를 살아가는 약자들의 상처와 슬픔을, 연민을 표출하고 있는 것이다.

2. 균열과 흔들거림, 그리고 허둥거림

'견고한 모든 것은 대기 속에 사라진다'는 어느 사상가의 말처럼, 이 세상에 존재하는 모든 것은 사라지게 마련이다. 빠르고 느린 속도의 차이, 육안으로 보이느냐 안 보이느냐의 차이 등이 있을 뿐이다. 천 년 만 년 존재할 것 같은 바위도 풍화에 의해 서서히 소멸되어 간다. 그럼에도 불구하고 현대인들은 '지금 여기'에 다양하게 벌어지고 있는, 미세한 변화에 둔감하다. 시인 또한 크게 다르지 않다. 시인이 이러한 변화를 느끼게 된 것은 불혹(不惑)의 나이에 이르러서이다.

흔들리자
흔들리면서 살자
아무렇게나 자란 갈대처럼 흔들리다가
흔들리다가 미련 없이 날리자
가볍게 바람이 이끄는 곳으로

수로부인이여,
또는 아사녀여 아니면 너여
나를 혹해다오
내 마음은 비무장지대
지뢰와 갈대가 몸을 섞는 곳
터뜨려다오

갈대만 남기고
숨 막히는 지뢰는 터뜨려다오

불꽃처럼 터지는 가벼운 삶
행복한 불혹, 혹

—「불혹」 전문

　공자는 일찍이 40세를 '불혹'이라 칭한 바 있다. 마흔이 되면 어떠한 유혹에도 흔들리지 않을 심지가 생긴다는 말일 것이다. 대부분의 현대인들은 어떠한 유혹에도 흔들리지 않는 '불혹'의 삶을 원할 것이다. 그러나 시인은 오히려 유혹에 '흔들리'는 삶을 욕망하고 있다. 가장으로서, 교육자로서의 '진중한' 삶에서 벗어나 "아무렇게나 자란 갈대"처럼 흔들리며 살기를 희망한다. '수로부인'과 '아사녀'에게 혹(유혹)해 달라고 간청까지 한다. 오래 전에 시인의 길, 시의 길을 잃어버린 시인이 다시 시인의 길, 시의 길을 찾기 위해 흔들리고자 하는 것이다. 시적인 삶, 시적인 열정에 사로잡혀 살던 그 시절로 돌아가고자 하는 것이다. "내 마음"은 "지뢰와 갈대가 몸을 섞는 곳"인 "비무장지대"로, 나를 터뜨려달라고 애원하고 있다. 불혹의 나이가 가져다 준 경직되고 권위적인 삶에서 벗어나, 고정관념에서 탈피

한 유연하고 새로운 것을 받아들일 수 있는 삶, "불꽃처럼 터지는 가벼운 삶"을 희구하고 있는 것이다. 행복한 불혹의 나이가 "혹"이 되는, 흔들릴 수 있는 "행복한 불혹, 혹"이 되고 싶은 것이다.

'행복한 혹'을 꿈꾸는 시인은 '균열'에 대한 단상을 보여주기도 한다.

    아내가 카메라를 챙긴다
    삼일째 같은 시간 같은 곳에 간다
    금강 하구둑 철새 도래지
    석양이 강물에 진달래처럼 번질 때
    태양을 배경으로 춤추는 새들을 담고 싶은 것
    어제도 엊그제도
    날씨는 맑아 배경은 더할 나위 없는데
    새들이 엉뚱한 곳으로 날아가
    원하는 사진을 건지지 못했다고 한다

    오늘은 찍고 오려나
    봄빛, 새 떼의 꼬리를 물고 오는 저 봄빛
    수만 번 날갯짓, 수백만 번 자맥질이면
    창백하게 떨던 강물에도

꽃물 들지 않겠는가

오늘 가고 내일도 가고

부지런히 가고 또 가면

새들이 응답하지 않겠는가

작은 새 한 마리 몸짓에서 시작되는 균열

—「균열」 전문

  원하는 사진을 찍으려면 많은 인내와 노력이 필요하다. 특히 사람의 모습이 아닌 자연의 모습을 카메라에 담으려 할 때 그 인내와 노력은 더 요구될 것이다. 시인의 아내가 카메라에 담으려는, "석양이 강물에 진달래처럼 번질 때/ 태양을 배경으로 춤추는 새들의 모습"이 쉽게 포착되지 않는다. 새들이 원하는 곳이 아닌 엉뚱한 곳으로 날아가 버렸기 때문이다. 아내는 "어제도 엊그제도" 실패했다. 오늘도 사진 찍으러 간 아내에게 시인은 "봄빛, 새 떼의 꼬리를 물고 오는 저 봄빛/ 수만 번 날갯짓, 수백만 번 자맥질이면/ 창백하게 떨던 강물에도/ 꽃물 들지 않겠는가"라고 하며 공을 들이다 보면 "새들이 응답"할 것이라는 희망의 메시지를 보낸다. 그는 그것이 "작은 새 한 마리 몸짓에서 시작되는 균열"에서 이루어질 수 있음을 간파한 것이다. 새들이 일사분란하게 나는 군무(群舞)가 아닌, 군무의 무리에서 빗겨선 작은 새 한 마리의 일탈, 균열에서 가능할 것임을 보여주고 있다. 우리 인생의 새로움 또한 일상에서 벗어난, 일탈 또는 균열을 통해 발견할 수 있음을 시사하고 있는 것이다.

균열의 긍정성은 흔들림의 긍정성으로 이어진다.

나비 날아오르고
흰 날개가 파르르르 일으키는 바람
흔들리는 분홍 꽃들

봄비 막 지나가고
초록 나뭇잎 또로로로 구르는 빗방울
위태롭게 흔들리는 뿌리

잠깐 그대 다녀가고
심장 저쪽 어질어질 피어나는 아지랑이
일제히 두근거리고 일제히 붉어지고
　　　　　　　　　　　　　　－「흔들리다」 전문

흔들림의 미학을 보여주고 있는 시이다. 나비의 흰 날개가 "파르르르 일으키는 바람"에 분홍 꽃들이 흔들리고, 봄비가 내려 "초록 나뭇잎 또로로로 구르는 빗방울"에 뿌리가 흔들리고, 아지랑이가 "어질어질" 피어나는 과정을 통해 봄의 생기를 보여주고 있다. 또한 바람과 빗방울에 의해 만물이 흔들리며 "일제히 두근거리고 일제히 붉어지"는 아름다운 모습을 표출하고 있다. 도종환의 시「흔들리며 피는 꽃」을 연상케 한다. "분홍 꽃들"과 "뿌리"의 흔들림이 곧 그 자체를 더 단단하고 튼실하게 만든다는 역설의 미학을 볼 수 있다. 그리고 시「허둥거리다」도 같은 맥락으로 볼 수 있다. "나뭇가지에 매달린 나뭇잎 잇면을 보지 못하고/ 빗방울 또르르 구르는 시간을 보지 못하고/ 잠깐 뜬 햇살이 쨍하고 일으킨 파장/ 당신 떨리는 숨결 울리는 메아리 보지 못하고// 나는 참 작은 사람이어서"(「허둥거리다」)에서 말이다. 시인은 자신이 "참 작은 사람"이라고 성찰하는 모습을 보여준다. 나뭇잎의 윗면과 아랫면을 다 보지 못하고, 빗방울 또르르 구르는 모습도 보지 못하고, "잠깐 뜬 햇살이 쨍하고 일으킨 파장"도 못 보고, "당신 떨리는 숨결 울리는 메아리"도 보지 못하기 때문이다. 이는 현대인의 자화상이기도 하다. 대상들의 "떨리는 숨결", "울리는 메아리"를 섬세하게 느낄 수 있는 삶을 살겠다는 다짐을 표출하고 있는 것이다.

이처럼 시인이 지향하는 균열과 허둥거림, 흔들림이라는 동적 이미지는 단단하고 안정되고 고정적인 정적인 이미지와는 상반된다. 그럼에도 이러한 동적 이미지를 갈구하는 것은 작은 변화까지도 민감하게 감지하여 독자들에게 끊임없이 새로운 것을 보여주어야 하는 시인의 소명의식에서 비롯된 것이라 할 수 있다. 그가 추구하는 동적 이미지는 자칫 '새로움'에 천착한 나머지 가벼울 수 있는데, 이러한 우려를 불식시켜주는 것은 그가 지극히 자연의 섭리에 근간을 두고 있다는 점이다.「숲」이라는 시를 보기로 한다.

    숲은 숲이라고 써야
    숲 같다

    숲에서
    팔랑거리며 내려앉는 나뭇잎들
    서로의 몸을 이불처럼 덮고
    새들의 깃털에 묻어온 햇살이 나무들의 잠을 깨운다
    억년을 버틴 벌레들
    온 생애 뒹굴어 나무들의 식탁을 차린다

ㅅ은 ㅜ를 만나 숲의 허파를 열어 하늘을 마시고
수는 ㅍ을 만나 비로소 뿌리를 받아들인다

당신과 내가 자음과 모음이었으면 좋겠다
숲이 되었으면 좋겠다

—「숲」전문

  나무들이 모여 사는 숲처럼 동고동락하며 살기를 희망하고 있다. 숲은 "팔랑거리며 내려앉은 나뭇잎들"이 "서로의 몸을 이불처럼 덮고", "새들의 깃털에 묻어온 햇살"이 나무들의 잠을 깨우는 평화로운 곳이다. "억년을 버틴 벌레들"이 "온 생애 뒹굴어 나무들의 식탁"을 차리는 곳이 또한 숲이다. 시인은 숲의 의미뿐만 아니라 '숲'이라는 글자에도 의미를 부여한다. 초성(ㅅ), 중성(ㅜ), 종성(ㅍ)으로 나누어 나무들이 하늘을 마시고, 뿌리를 받아들이는 것으로 보고 있는 것이다. '자음'과 '모음'이 만나 숲이 되길 희망하고 있는 것이다. 시 또한 자음과 모음이 만나 숲을 이루는 것처럼, 수많은 자음과 모음이 만나 아름다운 문장을 이루듯, 각기 다른, 다양한 사람들이 만나 공동체를 이루길 꿈꾸고 있는 것일 게다.

3. 자연과 인간, 세상과 인간

 이번 시집의 특징 중 하나는 자연친화적인 모습을 드러내다는 점이다. 이는 '숲'처럼 각각의 고유성으로 이루어진 공동체적인 삶을 기반으로 한다. 생명을 소중히 여기는 마음, 자연을 아끼고 사랑하는 마음이 전제가 된다. 이러한 관점에서는 이 세상에 존재하는 모든 생명이 소중하게 다가온다. "온통 붉은 양귀비 꽃밭/ 가만히 들여다보니/ 붉은 양귀비꽃 옆에 더 붉은 꽃/ 옆에 덜 붉은 꽃 뒤에/ 수줍게 붉은 꽃 앞에/ 오월 햇살만큼 따뜻하게 붉은 꽃/ 점박이 꽃 점 뺀 꽃// 각자의 방법으로 햇살을 받고/ 각자의 방법으로 바람에 흔들리는/ 나는 나 당신들은/ 당신들의 자기/ 온통 붉은 양귀비 꽃밭"(「나와 당신들에 대한 고찰」)에서 이러한 양상을 엿볼 수 있다. 각자의 고유성을, 차이를 보여주고 있다. "온통 붉은 양귀비 꽃밭"을 보며 '붉음'이라는 시어 하나로 통일하여 보려는 시인은 "가만히 들여다" 봄을 통해 더 붉고, 덜 붉은 양귀비꽃을 발견하게 된다. "각자의 방법으로 햇살을 받고/ 각자의 방법으로 바람에 흔들리는" 모습을 보며, 나와 다른 대상을 심도 있게 이해하게 된다.

 또한 가을에 은행나뭇잎이 깔린 언덕길에 놓인 석양을

바라보는 시선도 남다르다.

    은행나뭇잎 노란 언덕길
    노란 자전거 올라간다
    이파리는 최선을 다해 물들었다
    온몸의 힘을 다해 길 만들었다

    길 벗어날까
    조심스럽게 내려가던 걸음
    멈춰 서서 뒤돌아보니

    최선을 다해 페달을 구르는
    넘어지지 않기 위해 흔들리는
    노랗게 익은 석양이 있다

                             -「석양」전문

'최선'을 다해 노랗게 물들이는 은행나뭇잎을 보며 좀 더 치열하게 살아야겠다는 반성을 하고 있는 시이다. 정성을 다해 노랗게 물들고, 온몸의 힘을 다해 길을 만든 은행나뭇잎과 "최선을 다해 페달을 구르는/ 넘어지지 않기 위해 흔들리는" 석양을 본다. 최선을 다해 은행나뭇잎을 물들이는 것도, 은행나뭇잎이 "길 벗어날까/ 조심스럽게" 내려앉는 것도, 낮 동안 햇빛을 비추다가 서녘하늘을 물들이는 석양도 모두 아름다운 대상이다. 주어진 자신의 길을 묵묵히 걸어가고 있기 때문이다. 이것이 자연의 섭리이고, 인간의 길임을 시인은 알고 있는 것이다.

자연의 섭리와 시적인 삶을 간파한 시인은 평소 무관심했던 가족에 대해 고백을 하기도 한다.

퇴근 후 자전거 탄다
천변을 달리며
열심히 페달을 밟으며
바퀴를 굴리는 것인데

넘어지지 않기 위해
헐떡거리며 굴리다 보면
더 이상 굴릴 수 없는 무게
나는 다리 아래 쭈그려 앉아
흐르는 강물 바라보는 것이다

그러면 노을 진 강둑 너머
아버지가 타고 있는 거대한 자전거

덜 흔들리기 위해

숨차게 페달을 밟아야 했던

늘 구르고 있었으므로

넘어지지 않았던

그러나 이제는 멈칫,

멈칫 위태로운

은빛으로 반짝이는

주름진 시간이 흐르는 것이다

― 「자전거 탄다」 전문

  위 시에서는 자전거를 타며 힘겹게 살아온 아버지를 회상한다. 시적 화자가 "넘어지지 않기 위해/ 헐떡거리며 굴리다 보면/ 더 이상 굴릴 수 없는 무게"를 느껴 다리 아래 앉아 쉬면서, "덜 흔들리기 위해/ 숨차게 페달을 밟아야 했던/ 늘 구르고 있었으므로/ 넘어지지 않았던" 아버지의 고단함을 간파한다. 힘들고 어려워도 쉴 수 없었던 아버지의 그늘을 엿보고 있는 것이다. 그리고 시 「첫 고백」에서는 아버지에게 처음으로 '사랑한다'는 문자를 받고 부끄러움을 느끼는 모습을 보여준다. 손자가 알려준 카톡 사용법을 시험하다가 아들에게 보낸 '사랑한다'는 말이, 시적 화자에게는 '시험'으로 생각되지 않는다. 아들에게 쑥스럽게 꺼낸 '사랑한다'는 말로 이해하게 된다. 카톡 사용법을 잘 모르지만, 아버지의 마음을 알아버린 시적 화자는 지금까지 살아오며 많은 도움을 받았고, 든든한 벽이었을 아버지에게 '사랑한다'는 말을 제대로 하지 못한 것에 부끄러움을 느끼고 있는 것이다. 또한 아버지와 오랜 기간 동안 동고동락한 어머니에 대한 연민을 읽어내기도 한다. "바다는,/ 바다를 한참 처다보고 있으면/ 괜히 울적해지는 거라/ 산은 사철 변하기라도 하지/ 봄이면 진달래 개나리 분분하고/ 여름이면 녹음이 빽빽 울창하고/ 새색시 부끄럼처럼 붉게 물드는 가을 하며/ 겨울은 말할 것도 없이 설원인데/ 시작도 끝도 없는 것 같아서/ 갈 길 가야 하는데/ 시간이 멈춰 버린 것 같아서/ 저 바다는 말이야,// 아들, 다 봤으니 이제 가세"(「어머니 말씀」)라고 한 데서 발견할 수 있다. 사계절의 뚜렷한 변화를 보이는 산과는 달리 바다는 "시작도 끝도 없는 것 같"고, "갈 길 가야 하는데/ 시간이 멈춰 버린 것 같"아 "괜히 울적해"진다고 하는 어머니의 말씀을 들으며 어머니의 내면을 엿본다. 시 「엄마」에서도 어머니에 대한 그리움을 감지할 수 있다. 치매에 걸린 어머니를 찾는 과정을 그린 신경숙의 소설 『엄마를 부탁해』와 GOD의 노래 '어머님께'를 통해 한 평생 자신은 뒷전으로 두고 늘 가

족을 먼저 생각하며 삶을 영위한 어머니의 고단함을 읽고 있는 것이다.

　교직에 몸담고 있는 시인은 스승과 제자와의 인연을 소중히 여기고 있다. 훌륭한 스승이 있었기에 자신이 있고, 그리고 동행하는 제자가 있어야 자신이 존재한다는 것을 인지하고 있다. 그는 가르치는 사람과 배우는 사람이 함께 성장한다는 '교학상장(敎學相長)'의 힘을 잘 알고 있다. 그의 시집에는 시에 대해 가르쳐준 스승에 관한 시가 몇 편 등장한다. 「정의홍 선생님」(『별들의 마을』), 「푸른 오월」(『구두』) 등이다. 정의홍 선생님은 시인을 문학의 길로 접어들게 하고, 대학 4학년인 1991년에 《문학과 비평》을 통해 등단하게 해준 스승이다. 그러나 안타깝게도 그는 1996년 5월 경북 예천으로 초등학교 동창 모임을 다녀오는 길에 불의의 사고로 세상을 하직하게 된다. 그의 나이 53세였다. 시인은 첫 시집에서 "돌아가신 스승의 시를 읽는다// 비행기 관사가 된 당신 집 너머/ 서너 평 새 집 장만하시고/ 지금도 시를 쓰고 계실까/ 바깥 세상의 안부를 걱정하고 계실까// (……)// 돌아가신 스승의 시를 읽다가/ 나도 모르게 경상북도 예천으로/ 꿈결처럼 갔다 오고 말았다"(「정의홍 선생님」)라고 노래한 바 있다. 시인이 스승을 얼마나 그리워하고 있는지를 엿볼 수 있다. 그가 작고한

지 3년만에 대전대학교 인문대학 교정에 시비가 세워진다. 그 시비에 새겨진 시는 다름 아닌 「우리나라」(『하루만 허락받은 시인』)이다. "이제 우리도/ 서로의 마음을 낮춰야 할 때다/ 물은 건너 봐야 알고/ 사람은 겪어 봐야 아는데/ 우리는 왜 만남도 없이/ 이대로 이대로만/ 병이 들어야 하는가/ 서로의 믿음을 세우기 위해/ 세상을 똑바로 보기 위해/ 다시는 어둠 속에 갇히지 않기 위해/ 이제 우리도/ 서로의 마음을 낮춰야 할 때다"라고 노래한 시에서 그는 분단에 대한 안타까움을, 통일에 대한 열망을 형상화하고 있다.

그대 생각만으로 멀미가 난다
속은 울렁거리고 손발은 차가워지고
얼굴은 창백해진다

그대 입술은 늘 건조했다
고백의 말을 들을 때에도 마른풀 냄새가 났다
입맞춤도 조심스러웠던 사랑
금방이라도 바스러질 것 같은 위태로움

지난 오월에 핀 장미처럼 붉다

> 십일월의 울타리 틈 간신히 보이는 그대 입술
>
> 멀미가 난다 지금도 나는
>
> ―「우리나라」 전문

  스승의 시 「우리나라」와 똑같은 제목으로 스승에 대한 그리움을 담아내고 있다. 시인은 '멀미가 난다'는 표현을 쓰고 있다. 아직도 현재진행형인 우리나라의 분단된 현실이, 현실 비판적인 시를 노래하여 고초를 겪어야만 했던 선생님에 대한 기억이 시인을 멀미나게 하는지도 모른다. 그러나 그 이면에 짧은 생을 살다긴, "금빙이라도 바스러실 것 같은 위태로움"을 지닌 스승에 대한 연민의식이 배태되어 있음을 볼 수 있다.
  그런가 하면 제자에 관한 시도 보인다.

> 교내 시낭송 대회를 한다는 소식
>
> 몇이나 참가할까 심드렁하고 있는데
>
> 1학년 여학생 수줍게 다가오더니
>
> 선생님 시로 나가 보려고요
>
> 연습장에 정성을 다해 옮겨 적은
>
> 세 번째 시집 구석에 숨어있던 시 보여준다
>
> 젊은 시절 겨드랑이 간질이는 봄밤에 취해

> 바람에게 길을 묻는다는 둥 어쩌고 했던 시
> 어느 구절이 마음에 닿았냐고 묻자
> 길은 여러 갈래로 뻗어 있었다
> 내가 가야 할 길을 알지 못했을 따름이었다
> 이 부분이 꼭 자기 얘기 같다고,
> 고등학교 새내기다운 해석이
> 교실로 잘못 들어온 참새 가여운 심장처럼
> 나를 두근거리게 한다
> 길 잃은 시절이었든 잃은 길
> 계속 걷고 있는 것 같은 지금이든
> 나는 시 쓰는 사람이었던 것
> 시 쓰는 사람이어야 한다는 것
> 아뿔싸,
>
> ―「아뿔사」 전문

 시인의 시를 낭송하겠다는 제자를 통해 시인의 길을 다시 생각한다. 교내 시낭송 대회에 시인의 시를 가지고 참석하겠다는 제자의 말에 놀란다. 세번 째 시집 『구두』에 발표된 「봄밤」을 가져온 것이다. 제자는 "길은 여러 갈래로 뻗어 있었다/ 내가 가야 할 길을 알지 못했을 따름이었다"라는 부분이 마음에 들어 선택했다고 한다. "꼭 자기 얘기 같다"고 한 제자의 말을 통해 시인은 "교실로 잘못 들어온 참새 가여운 심장"처럼 두근거린다. 죽비 맞은 것처럼, 신선한 충격을 느낀다. 제자를 통해 "길 잃은 시절이었든 잃은 길/ 계속 걷고 있는 것 같은 지금이든" 자신이 다시 한번 "시 쓰는 사람"임을 깨닫게 된 것이다. 앞으로도 시인의 길, 시의 길을 묵묵히 가야됨을 일러준 시인 것이다. 또한 졸업생 제자가 찾아와 뭉클했던 시도 보인다. 시인은 스승의 날이 지난 어느 날, 졸업생 '진희'가 사온 화분을 통해 자신의 삶을 뒤돌아보고 있다. 고등학생 때 공부를 열심히 하지 않은 것을 후회한 '진희'가 대하에 가서 열심히 공부하여 자격증을 취득하자 화분을 들고 시인을 찾아온 것이다. 그녀는 물 한 잔도 마시지 못하고, 취업하면 꼭 다시 찾아오겠다는 말을 남기고 알바를 하러 떠난다. 시인은 그녀가 사온 화분에 이름을 써놓고 애지중지 키운다. "학창 시절 화초의 이파리 한 잎만큼도 받지 못했을 관심을/ 몇 배로 키워 돌려준 진희"를 보며 자신을 성찰하고 있다. 또한 시 「상처에게」에서는 상처에 대한 연민의식을 보여주고 있다. "딱딱하게 말려있는 상처들"에게 "나뭇잎처럼 돌돌 말려 벌레집 되고/ 캄캄한 동굴에서 삼칠일을 참아내/ 애벌레 되고 붉은 점 박힌 날개가 돋고/ 바닥을 박차며 날아오"를 수 있음을 보여주고 있다.

4. 다시 시의 길, 시인의 길로

시인은 시를 쓰는 과정에서 스승에게 '가난'과 '극한'에 대해 배우게 된다. "가난해야 한다", "극한의 끝까지 가 봐야 한다"는 의미를 잘 모르던 시절이었다. 시인은 그것이 단순히 돈이 없는 가난과 신체의 한계를 의미하는 줄 알았던 것이다. 이후 시인은 "겨울 밤, 추위가 깊을수록 온몸으로 빛을 내보내는 별을 보며" 가난의 의미를 조금씩 알아가고, "캄캄한 세상 안에서 벗은 몸 헐벗은 정신으로 나뒹굴고 나서야"(「껍질」, 『구두』) 삶의 극한을 조금씩 알게 된 것이다.

가난의 의미를 안 시인은 가난한 이들에게 안부를 묻는다.

    당신 안녕하신지……

    쓰고 보니 말줄임표 위
    어름사니처럼 흔들리며 걸어가는 사람
    긴 장대도 없이 부채도 없이
    신명 나는 장단도, 재롱떠는 어릿광대도 없이

말줄임표 끝은 깜깜한 낭떠러지 같아

쉼표 하나 찍어 줄까 계단처럼

숨 한 번 쉬면서 내려오도록

안전하게 지상으로 안녕하게

그리하여 언제까지나 당신

안녕하신지……,

―「안부를 묻다」 전문

 흔들리며 살아가는 약자들의 근황을 묻는다. 첫 행과 마지막 행에서 시인은 말줄임표를 사용하고 있는데, 여기에는 다양한 의미가 함축되어 있다. '궁금함'의 압축된 기호라 할 수 있다. 누구인지 특정하지는 않았으나 불안하게 흔들리며 '지금 여기'를 살아가는 약자들의 모습 같기도 하다. 외줄을 타는 '어름사니'처럼 흔들리며 살아가는 사람을 호명한다. 어름사니처럼 살아가지만, 그들에게는 중심을 잡아주는 부채도, 관중도 없다. "긴 장대", "부채"도 없이, "신명 나는 장단도", "재롱떠는 어릿광대도" 없이 살아가고 있는 것이다. 말줄임표의 끝이 낭떠러지 같아, 시인은 낭떠러지에서 "안전히게" 지상으로 내려올 수 있도록 "쉼표"

하나 찍어준다. 언제나 당신이 안녕하기를 기원하고 있는 것이다.

  나아가 '시인'의 길에 대해 진지하게 고민한다.

    물방울 떨어진 곳이
    강의 중심이다
    작은 점이 일으킨 파장이 우주를 만든다

    당신 눈물 떨어진 자리가
    나의 중심이다
    당신이 일으킨 물결의 가장자리에서
    가슴 치는 파문을 맞는다

    나는 언제 당신의 중심이 될 수 있을까
                                                                 -「시인」 전문

  "물방울 떨어진 곳"이 "강의 중심"이고, "작은 점이 일으킨 파장"이 "우주"를 만들고, "당신 눈물 떨어진 자리"가 곧 "나의 중심"임을 노래하고 있다. "당신이 일으킨 물결의 가장자리"에서 "가슴 치는 파문"을 접한다. "언제 당신의 중심이 될 수 있을까"라고 하여 좀 더 좋은 시인이 되기 위한

의지를 보이고 있다. "물방울 떨어진" 곳에서 "강의 중심"을 보고, "작은 점이 일으킨 파장"이 "우주를 만든다"고 보는 것을 통해 시인의 길을 보여주고 있다. "당신 눈물 떨어진 자리"가 "나의 중심"이 된다는 것은 당신의 슬픔을 간과하지 않겠다는 것을 반증하는 것이다. 그럼에도 시인은 "나는 언제 당신의 중심이 될 수 있을까"라고 하여 아직도 시인의 길이 무엇인지 갈피를 잡기가 쉽지 않고, '지금 여기' 현실의 중심에 서기가 녹록치 않음을 보여주고 있다.

시인은 꿈꾼다. 거창한 무엇이 아니라 "변함없이 흐르는 세상 잠깐이라도/ 멈칫거리게 하는,/ 천둥 같은 문장"(「변명」)을 쓰고 싶은 것이다. 그리고 "당신의 마지막을 위하여/ 내 상처, 기꺼이 당신에게 바칠 수 있으니/ 더 깊어질 수 있으니"(「홍어」)에서 홍어처럼 누군가에게 세상의 죽비가 되는 시를 쓰고 싶은 것이다. 나아가 "사람이 사람을 만나면/ 사랑이 싹트고/ 사랑이 열매 맺으면/ 생명이 되는 세상"(「사람이 사람을」)을 꿈꾸는 시를 욕망하고 있는 것이다.

애 지 시 선

- 031 하루만 더   고증식 시집
- 032 몸꽃   이종암 시집
- 033 허공에 지은 집   권정우 시집
- 034 수작   김나영 시집
- 035 나는 열 개의 눈동자를 가졌다   손병걸 시집
- 036 별을 의심하다   오인태 시집
- 037 생강 발가락   권덕하 시집
- 038 피의 고현학   이민호 시집
- 039 사람의 무늬   박일만 시집
- 040 기울어짐에 대하여   문숙 시집
- 041 노끈   이성목 시집
- 042 지독한 초록   권자미 시집
- 043 비데의 꿈은 분수다   정덕재 시집
- 044 글러브 중독자   마경덕 시집
- 045 허공의 깊이   한양명 시집
- 046 둥근 진동   조성국 시집
- 047 푸른 징조   김길녀 시집
- 048 지는 싸움   박일환 시집
- 049 아무나 회사원, 그밖에 여러분   유현아 시집
- 050 바닷가 부족들   김만수 시집
- 051 곡두   박승자 시집
- 052 나선형의 저녁   정용화 시집
- 053 보이저 씨   김현욱 시집
- 054 비탈   이경호 시집
- 055 하모니카 부는 오빠   문정 시집
- 056 우는 화살   고영서 시집
- 057 검은 옥수수밭의 동화   송유미 시집
- 058 매운방   신준수 시집
- 059 승부사   박순호 시집
- 060 동그라미, 기어이 동그랗다   이민숙 시집
- 061 아버지의 마술   이권 시집
- 062 이름의 풍장   김윤환 시집
- 063 국수 삶는 저녁   박시우 시집
- 064 미스김 라일락   나혜경 시집
- 065 멍게 먹는 법   이동순 시집
- 066 우는 시간   피재현 시집
- 067 종점식당   김명기 시집
- 068 달동네 아코디언   이명우 시집
- 069 자작나무 숲에 눈이 내린다   변경섭 시집
- 070 눈부신 고독   이윤경 시집
- 071 꽃마차는 울며 간다   권선희 시집
- 072 섬, 육지의   이강산 시집
- 073 다시, 평사리   최영욱 시집
- 074 국수를 닮은 이야기   박구경 시집
- 075 상록마녀   심단향 시집
- 076 총잡이   이동호 시집
- 077 어떤 입술   라윤영 시집